A Arca de Noé

Ilka Brunhilde Laurito
Ilustrações de **Eliana Delarissa**

A Terra estava povoada pelos descendentes de Adão e Eva. Havia abundância de todos os dons de Deus para que os homens vivessem com fartura e harmonia. Mas, em vez de agradecer as bênçãos recebidas, viviam brigando e cometendo uma porção de maldades.

Muito aborrecido com o mau comportamento dos homens, Deus resolveu castigar todos eles. Todos, menos um. Deus sabia que havia um homem muito bom, cumpridor de seus deveres e muito devoto, que sempre rezava agradecendo todos os bens que recebia. Esse homem se chamava Noé.

Um dia, Noé estava trabalhando na lavoura, quando ouviu a voz de Deus ecoando no silêncio do campo. E a voz lhe dizia:

– Noé, como você é um filho bom e obediente, eu o escolhi. Vou dar um castigo a todos os homens, mas quero poupar você. Por isso, prepare-se. Construa um grande barco para navegar a salvo sobre as águas, pois vou inundar a Terra.

Avisado por Deus de que haveria um dilúvio, Noé, generosamente, logo pensou nos outros homens. E foi avisá-los do perigo que corriam:
– Meus irmãos, eu ouvi a voz de Deus e sei que vai haver um dilúvio que alagará toda a Terra. Comecem a construir, desde já, barcos para navegar sobre as águas.

Mas os homens não acreditaram nas palavras de Noé e puseram-se a rir dele:

– Estamos pouco ligando para essa voz de Deus! Se houver mesmo um dilúvio, vamos ficar em cima dos telhados de nossas casas ou subir até as mais altas montanhas. Prepare-se você, já que está com tanto medo!

De nada adiantou Noé avisar aos homens que as águas cobririam as casas e as montanhas. Eles continuavam a caçoar dele. Vendo isso, Noé resolveu tratar da própria salvação, como Deus o alertara.

Então derrubou árvores, fez delas grossas tábuas, juntou umas com as outras e calafetou-as para que não deixassem passar nem um pingo d'água. E assim, com a ajuda de seus filhos, construiu uma barcaça. Uma grande arca.

   Depois que a sua arca ficou pronta, Noé embarcou nela com toda a família. Mas logo pensou:
   – E os bichos? Coitadinhos! Eles são inocentes e vão morrer no dilúvio! Eu preciso salvá-los!

Assim pensou e assim fez. Embarcou na arca um casal de cada espécie animal, tanto de bichos domésticos como selvagens.

Imediatamente depois que Noé acabou de embarcar o último casal de animais, começou a chover. E choveu, choveu que não parava mais!

As águas inundavam a Terra, cobrindo as casas, as árvores, as planícies e as montanhas. Era o dilúvio universal que Deus mandava sobre a Terra para castigar os homens desobedientes e maus.

Choveu durante quarenta dias e quarenta noites. Um belo dia, as chuvas pararam. Estava próxima a hora de desembarcar da arca.

Noé, muito sábio e prudente, pensou:

"Primeiro vou ver se tudo está realmente bem e se não há mais perigo. Vou soltar algumas aves para averiguação".

Noé, então, soltou um corvo, que voou e não mais voltou. Mas Noé não ficou satisfeito. E soltou, dessa vez, uma pomba. A pomba voou, voou e, não achando lugar seguro para pousar, voltou para a arca.

Noé esperou sete dias e então soltou outra pomba.
Dessa vez a ave voltou com um ramo de oliveira no bico. Noé exclamou:
– Que alegria! Ela achou uma árvore para pousar!

    Muito prudente, Noé esperou mais sete dias e depois libertou o casal de pombos. Como eles não voltaram à arca, Noé viu nisso um sinal de que haviam encontrado um lugar seguro para pousar.

    Já era hora de abandonar a arca, que estava ancorada no pico de um monte que Noé batizou de Ararat.

Abrindo as portas de sua barcaça, Noé começou a soltar os animais que salvara do dilúvio.

Somente depois que todos haviam saído, desembarcaram ele e sua família.

Graças à fé e ao respeito à vontade de Deus, todos estavam a salvo para recomeçar uma nova vida sobre a face da Terra.

Ao descer da arca e pisar em solo firme, a primeira coisa que Noé fez foi ajoelhar-se e rezar com fervor.

E suas orações fervorosas encheram com o calor da fé aquela terra que agora estava enfeitada pelo verde das folhas e pelo colorido das flores.

Então Noé olhou para o céu e ficou maravilhado! Lá, no azul-celeste, um lindo arco-íris parecia abraçar a Terra. E ele compreendeu que aquela curva multicolorida era o arco da aliança entre Deus e os homens.

© 2009 Ilka Brunhilde Laurito
Ilustrações: Eliana Delarissa

Direitos de publicação:
© 2021 Editora Melhoramentos Ltda.
Todos os direitos reservados.

1.ª edição, abril de 2021
ISBN: 978-65-5539-247-0

Atendimento ao consumidor:
Caixa Postal 729 – CEP 01031-970
São Paulo – SP – Brasil
Tel.: (11) 3874-0880
sac@melhoramentos.com.br
www.editoramelhoramentos.com.br

Impresso no Brasil

Dados Internacionais de Catalogação na Publicação (CIP)
(Câmara Brasileira do Livro, SP, Brasil)

Laurito, Ilka Brunhilde
    Histórias da Bíblia: vira-vira: a arca de Noé e Jonas
e o peixe / Ilka Brunhilde Laurito; ilustrações Eliana
Delarissa. – São Paulo: Editora Melhoramentos, 2021. –
(Histórias da Bíblia)

    ISBN 978-65-5539-247-0

    1. Histórias bíblicas - Literatura infantojuvenil 2.
Literatura infantojuvenil I. Delarissa, Eliana. II. Título.
III. Série.

20-52630   CDD-028.5

Índices para catálogo sistemático:
1. Histórias bíblicas: Literatura infantil 028.5
2. Histórias bíblicas: Literatura infantojuvenil 028.5

Cibele Maria Dias – Bibliotecária – CRB-8/9427

Ele aprendeu a lição. E, nesse momento, fez uma promessa que haveria de cumprir dali em diante:

– Nunca mais vou desobedecer às ordens de Deus.

Deus atendeu às suas preces. E, dispondo do poder que tinha, ordenou ao grande peixe que vomitasse Jonas.

Assim Jonas foi expelido da barriga do peixe. E chegou seguro em terra firme.

O peixão obedeceu e Jonas foi engolido. Mas não morreu, não! Ele ficou bem quietinho dentro da barriga do peixão durante três dias e três noites. Enquanto isso, rezava fervorosamente:

– Meu Deus, me perdoe. Meu Deus, me perdoe.

Jonas estava no meio das ondas, quando Deus ordenou a um enorme peixe:
– Engula Jonas!

Como por milagre, a tempestade imediatamente passou, e o barco pôde navegar em águas calmas.

Jonas, corajosamente, respondeu:

– O único jeito é vocês me atirarem ao mar. Assim, tudo voltará ao normal.

Pedindo perdão pelo que iriam fazer, os marinheiros suspenderam Jonas e, como ele próprio havia sugerido, atiraram-no ao mar.

Os marinheiros, então, chegaram à conclusão de que Jonas era quem estava pondo o barco em perigo. E lhe perguntaram:

– O que podemos fazer para que Deus não fique furioso conosco e não faça este barco naufragar?

Jonas não mentiu, assumindo a culpa:

– Eu sou hebreu, adoro o Senhor, o Deus do Céu, que criou a terra, o céu e o mar. E recebi Dele uma tarefa que eu não quis cumprir. Por isso é que tentei fugir e me esconder de Deus.

— Acho que alguém, aqui no barco, está despertando a fúria de Deus. Vamos lançar a sorte para descobrir quem é a causa desse mal.

Assim disseram e assim foi feito, e o sorteado foi Jonas. Então lhe perguntaram:

— Quem é você? De onde vem? Para onde vai? E por que razão nos sobreveio este mal?

Enquanto isso, Jonas, sem saber de nada, dormia sossegado no porão do barco. Mas não por muito tempo. Porque o comandante foi sacudi-lo:

– Acorde, seu dorminhoco! Em vez de ficar aí dormindo, comece a rezar para que Deus nos salve!

Os marinheiros continuavam apavorados. E, entre si, cochichavam:

Mas quem é que pode enganar a Deus? Logo que Jonas embarcou, uma enorme tempestade agitou perigosamente as ondas do mar.

Os marinheiros do barco, apavorados, tomaram uma decisão:

– Vamos pôr fora toda a carga para o barco ficar mais leve. Assim, quem sabe, poderemos nos salvar!

Assim, Jonas, achando que Deus não iria descobri-lo, tomou um barco para navegar até um lugar bem longe, tão longe, que nem Deus poderia encontrá-lo.

Jonas, porém, ficou com muito medo de obedecer às palavras de Deus. Ele pensava: "Como é que eu posso fazer isso? Se eu for até essa cidade para dar o aviso, as pessoas de lá certamente ficarão furiosas, achando que estou mentindo, e vão me matar, com certeza. Eu não posso obedecer às ordens de Deus. O que é que eu vou fazer então? Vou é fugir e ficar bem quietinho, escondido até de Deus".

Jonas era um profeta, ou seja, um homem capaz de adivinhar o que acon-
teceria no futuro.

Um certo dia, Jonas escutou a voz de Deus, que lhe dizia:

– Jonas, viaje até a cidade de Nínive, inimiga de Israel, e avise aos seus
habitantes que a cidade será destruída caso não se arrependam e não reparem
seus erros.

Histórias da Bíblia Vira-vira

Jonas e o Peixe

Ilka Brunhilde Laurito
Ilustrações de **Eliana Delarissa**

Editora Melhoramentos